THÉORIE

DE LA MUSIQUE

FONDÉE SUR LE CALCUL

PAR

Athanase de **LUKMANOFF**

PARIS

TYPOGRAPHIE A. HENNUYER

RUE D'ARCET, 7.

1874

THÉORIE

DE LA MUSIQUE

FONDÉE SUR LE CALCUL

PAR

ATHANASE DE **LUKMANOFF**

PARIS

TYPOGRAPHIE A. HENNUYER

RUE D'ARCET, 7.

1874

§ 1ᵉʳ. La gamme chromatique, en allant du premier son *Do* au dernier *Si*, contient douze sons, dans lesquels on comprend des distances chromatiques et diatoniques, qui nous fournissent des tons et des demi-tons. Mais, comme il n'y a pas de différences dans les basses ni dans les accords fondés sur les tons aussi bien que sur les demi-tons, on peut les regarder *tous* comme des *unités tonales*. Il en résulte que l'octave est composée de douze tons, qui d'après l'ordre de leur marche prennent les nombres suivants :

	Do	Do♯	Re	Re♯	Mi	Fa	Fa♯	Sol	Sol♯	La	La♯	Si
(*) ou	Si♯	Re♭		Mi♭	Fa♭	Mi♯	Sol♭		La♭		Si♭	Do♭ (**)
	1.	2.	3.	4.	5.	6.	7.	8.	9.	10.	11.	12.
	13	14	15	16	17	18	19	20	21	22	23	24
	25	26	27	28	29	30	31	32	33	34	35	36
	37	38	39	40	41	42	43	44	45	46	47	48
	49	50	51	52	53	54	55	56	57	58	59	60
	61	62	63	64	65	66	67	68	69	70	71	72
	73	74	75	76	77	78	79	80	81	82	83	84
	85	86 et plus loin.										

(Chaque ligne est une octave de la ligne précédente.)

Chacun de ces douze tons est la base d'un accord dont il est la basse et produit une gamme diatonique.

DE LA GAMME.

§ 2. Il y a deux gammes : la chromatique et la diatonique. La gamme chromatique a douze tons, qui sont disposés comme on l'a vu dans le tableau précédent. La gamme diatonique n'a que sept tons, elle change selon la note tonale qui est

(*) Il faut remarquer que le ton change son nom selon qu'il est produit par la succession des tons diésés ou des tons bémolisés ; cependant le *nombre* qu'un ton porte *reste toujours invariable*.

(**) Le premier signe ♯ indique le dièse, et le deuxième ♭ le bémol.

produite successivement par les différentes basses ; comme sa formation est étroitement liée avec celle des accords, nous commencerons par la formation de l'accord.

DE L'ACCORD EN GÉNÉRAL.

§ 3. L'accord est composé de plusieurs tons consonnants. Le premier ton, qui en est la basse, ne peut avoir comme consonnants, ni les deux tons qui le précèdent, ni les deux qui le suivent (*). Tous les autres tons consonnants suivent la même règle, qui est une *loi de l'harmonie;* le moindre écart de cette loi produit une *dissonance.*

§ 4. Dans l'accord majeur de *do, mi, sol,* qu'on appelle aussi *accord parfait,* la basse *do* prend pour son premier ton consonnant (tierce) le *mi* naturel qui est le *cinquième* ton dans l'octave, et comme second ton consonnant (quinte) le *sol* naturel, qui est le *huitième.*

§ 5. Cet accord de trois tons, qui est la base de tous les accords musicaux, exprimé par les nombres, donne la formule suivante : $\begin{matrix} 1 + 4 = 5 + 3 = 8 \\ \text{Do} - \text{Mi} - \text{Sol} \end{matrix}$ qui est la formule pour tous les accords majeurs. La distance entre le premier et le troisième ton $1 + 7 = 8$ est aussi une formule des distances entre les basses des accords majeurs et mineurs et même entre toutes les basses de l'octave chromatique. Le nombre 7 est aussi le nombre des tons qui composent la gamme diatonique.

§ 6. La formule des accords majeurs : $1 + 4 = 5 + 3 = 8$, est invariablement la même pour tous les accords de tons diésés comme pour les tons bémolisés. Le moindre changement qu'on voudrait faire en diminuant ou en augmentant la distance, ou en introduisant quelques autres tons, ne produirait que des dissonances et des accords faux.

§ 7. La formation de l'accord est toujours ascendante; en d'autres termes, elle se fait du grave à l'aigu, exemple : Do-Mi-Sol, Sol-Si-Re, et non, Sol-Mi-Do, Re-Si-Sol, qui sont des renversements de ces accords et changent pour cette raison leurs basses.

§ 8. Les accords portent différentes qualifications. (a) Selon le mode ils sont majeurs (parfaits) ou mineurs (qu'on peut nommer *modifiés* et *diminués*).

(*) Par exemple, le ton *Mi* ne prend comme consonnants ni Re ni Re♯ (ou Mi♭) qui le précèdent, ni Fa ni Fa♯ (ou Sol♭) qui le suivent. Cette phrase, exprimée par des nombres, se réduit à ceci : 5 ne prend ni 3 ni 4 qui le précèdent, ni 6 ni 7 qui le suivent.

(*b*) D'après le nombre de tons qui les composent ils sont de *deux* ou *trois* tons (accords parfaits), de *quatre* tons (accords de septième) et de *cinq* tons (accords de neuvième). (*c*) D'après la succession des tons on les divise en accords des tons *diésés*, et des tons *bémolisés*. Nous allons successivement nous occuper de ces accords.

LES ACCORDS DE DEUX TONS.

§ 9. Les accords qui se composent de deux tons, dont l'un est la basse et l'autre est son consonnant, se forment du grave à l'aigu, suivant la règle de l'harmonie exprimée dans le paragraphe 3. Chaque ton de la gamme chromatique produit sept accords, comme on voit dans le tableau suivant. Il est bon de remarquer que tous ces accords, en somme, ne sont que des accords incomplets, presque toujours employés dans les registres élevés, comme accompagnement de mélodies, et que la plupart du temps ils entrent tous dans la composition des accords de trois tons.

§ 10. TABLE DES ACCORDS DE DEUX TONS.

1. Do ou Si#	1+3 = 4 Mi♭ ou Re#	2. Do# ou Re♭	2+3 = 5 Mi
—	1+4 = 5 Mi	—	2+4 = 6 Fa
—	1+5 = 6 Fa	—	2+5 = 7 Fa# ou Sol♭
—	1+6 = 7 Fa# ou Sol♭	—	2+6 = 8 Sol
—	1+7 = 8 Sol	—	2+7 = 9 Sol# ou La♭
—	1+8 = 9 Sol# ou La♭	—	2+8 = 10 La
—	1+9 = 10 La	—	2+9 = 11 La# ou Si♭
3. Re	3+3 = 6 Fa	4. Re# ou Mi♭	4+3 = 7 Fa# ou Sol♭
—	3+4 = 7 Fa# ou Sol♭	—	4+4 = 8 Sol
—	3+5 = 8 Sol	—	4+5 = 9 Sol# ou La♭
—	3+6 = 9 Sol# ou La♭	—	4+6 = 10 La
—	3+7 = 10 La	—	4+7 = 11 La# ou Si♭
—	3+8 = 11 La# ou Si♭	—	4+8 = 12 Si
—	3+9 = 12 Si	—	4+9 = 13 Do
5. Mi ou Fa♭	5+3 = 8 Sol	6 Fa ou Mi#	6+3 = 9 Sol# ou La♭
—	5+4 = 9 Sol# ou La♭	—	6+4 = 10 La
—	5+5 = 10 La	—	6+5 = 11 La# ou Si♭
—	5+6 = 11 La# ou Si♭	—	6+6 = 12 Si
—	5+7 = 12 Si	—	6+7 = 13 Do
—	5+8 = 13 Do	—	6+8 = 14 Do# ou Re♭
—	5+9 = 14 Do# ou Re♭	—	6+9 = 15 Re

7. Fa# ou Sol♭   7+3=10 La   8. Sol   8+3=11 La# ou Si♭
—   7+4=11 La# ou Si♭   —   8+4=12 Si
—   7+5=12 Si   —   8+5=13 Do
—   7+6=13 Do   —   8+6=14 Do# Re♭
—   7+7=14 Do# Re♭   —   8+7=15 Re
—   7+8=15 Re   —   8+8=16 Re# Mi♭
—   7+9=16 Re# Mi♭   —   8+9=17 Mi

9. Sol# ou La♭   9+3=12 Si   10. La   10+3=13 Do
—   9+4=13 Do   —   10+4=14 Do# Re♭
—   9+5=14 Do# Re♭   —   10+5=15 Re
—   9+6=15 Re   —   10+6=16 Re# Mi♭
—   9+7=16 Re# Mi♭   —   10+7=17 Mi
—   9+8=17 Mi   —   10+8=18 Fa
—   9+9=18 Fa   —   10+9=19 Fa# Sol♭

11. La# ou Si♭   11+3=14 Do# Re♭   11. Si ou Do♭   12+3=15 Re
—   11+4=15 Re   —   12+4=16 Re# Mi♭
—   11+5=16 Re# Mi♭   —   12+5=17 Mi
—   11+6=17 Mi   —   12+6=18 Fa
—   11+7=18 Fa   —   12+7=19 Fa# Sol♭
—   11+8=19 Fa# Sol♭   —   12+8=20 Sol
—   11+9=20 Sol   —   12+9=21 Sol# La♭

§ 11. Voici les tons qui, d'après la loi d'harmonie exprimée dans le paragraphe 3, ne peuvent se combiner ensemble :

Do	ne prend pas	La# ou Si♭ Si, Do# ou Re♭ et Re
Do# ou Re♭	—	Si, Do, Re et Re# ou Mi♭
Re	—	Do, Do# ou Re♭, Re# ou Mi♭ et Mi
Re# ou Mi♭	—	Do# ou Re♭, Re, Mi et Fa
Mi ou Fa♭		Re, Re# ou Mi♭, Fa, Fa# ou Sol♭
Fa (Mi#)	—	Re# ou Mi♭, Mi, Fa# ou Sol♭ et Sol
Fa# ou Sol♭	—	Mi, Fa, Sol, et Sol# ou La♭
Sol	—	Fa, Fa# ou Sol♭, Sol# La♭ et La
Sol# ou La♭	—	Fa#-Sol♭, Sol, La et La#-Si♭
La	—	Sol, Sol#-La♭, La#-Si♭, Si
La#-Si♭	—	Sol#-La♭, La, Si et Do
Si	—	La, La#-Si♭, Do et Do#-Re♭.

LES ACCORDS DE TROIS TONS OU LES ACCORDS MAJEURS.

§ 12. L'accord majeur Do-Mi-Sol produit une série d'accords, qui contient sept accords des tons diésés et sept accords des tons bémolisés, qui forment en progressant une chaîne ronde ou un anneau complet. Ces accords se produisent du grave à l'aigu dans l'ordre suivant: premier accord fondamental, Do-Mi-Sol; deuxième, Sol-Si-Re (accord d'un ♯); troisième, Re-Fa-La (accord de deux ♯): quatrième, La-Do♯-Mi (accord de trois ♯); cinquième, Mi-Sol♯-Si (accord de quatre ♯); sixième, Si-Re♯-Fa♯ (accord de cinq ♯ ou de sept ♭); septième, Fa♯-La♯-Do♯ (accord de six♯ ou de six ♭); huitième, Do♯-Mi♯-Sol♯ (accord de sept♯ ou de cinq ♭); neuvième, La♭-Do-Mi♭ (accord de quatre ♭); dixième, Mi♭-Sol-Si♭ (accord de trois ♭); onzième, Si♭-Re-Fa (accord de deux ♭); douzième, Fa-La-Do (accord d'un ♭), et le treizième est de nouveau l'accord fondamental Do-Mi-Sol, qui recommence la même série. En allant dans le sens inverse, c'est-à-dire de l'aigu au grave du treizième accord qui est Do-Mi-Sol, on trouve les accords des tons bémolisés. Ici, les trois accords: le huitième, le septième et le sixième restent les mêmes pour les tons bémolisés comme pour les tons diésés, et ne changent que *les noms* de leurs tons, le premier Do♯ en Re♭, Fa♯ en Sol♭, La♯ en Si♭, et, étant l'accord de sept dièses, il devient l'accord de cinq bémols; le deuxième change Fa♯ en Sol♭, La♯ en Si♭, Do♯ en Re♭, et de six dièses devient de six bémols; le troisième change Si en Do♭, Re♯ en Mi♭, Fa♯ en Sol♭, et à son tour de cinq dièses devient l'accord de sept bémols.

§ 13. Tous ces accords sont qualifiés par les noms de leur basse (première note constitutive), par conséquent l'accord Do-Mi-Sol porte le nom d'*accord de Do majeur*, l'accord Sol-Si-Re est l'*accord de Sol majeur*, et ainsi de suite.

La marche des basses des accords majeurs suit la formule $1+7=8$ et dans sa progression présente les nombres suivants:

$$\text{Do,}\quad \text{Sol,}\quad \text{Re,}\quad \text{La,}\quad \text{Mi,}\quad \text{Si-Do♭,}\quad \text{Fa♯-Sol♭,}\quad \text{Do♯-Re♭,}\quad \text{La♭,}\quad \text{Mi♭,}\quad \text{Si♭,}\quad \text{Fa} \ldots \text{Do}$$
$$1+7=8+7=15+7=22+7=29+7=36+7=43+7=\quad 50+7=57+7=64+7=71+7=78+7=85$$

Comparez les nombres de ces tons avec les nombres du premier tableau de la gamme chromatique, pour juger de leur identité.

§ 14. La figure suivante donne l'idée de la chaîne ronde ou de l'anneau formé par la succession des accords majeurs; ici, en allant de Do à Sol, se développe la série diésée, et en allant dans le sens inverse, par conséquent du Do au Fa, on trouve la série des accords bémolisés.

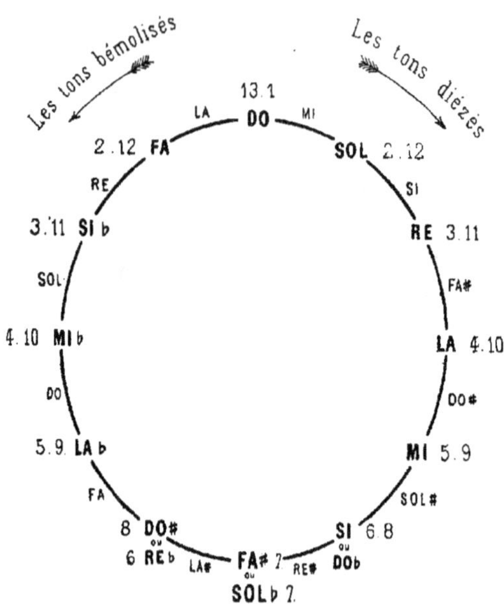

§ 15. L'exactitude mathématique dans la formation des accords majeurs est incontestable, d'autant plus que chaque ton pris à part, pareil à la semence d'une plante, qui contient dans son enveloppe le germe de la plante future, le ton, dans le nombre qu'il porte, par la liaison intime de deux lois, la loi musicale et la loi mathématique, représente déjà son accord futur avec la basse et la gamme diatonique tout entière.

Rien n'est plus facile que de produire, par le calcul du nombre de n'importe quel ton, son accord, sa basse et sa gamme. Deux modes de calcul étant possibles, nous allons commencer par le plus compliqué, sauf à définir plus tard le simple. Comme exemple, prenez le premier ton *Do*, qui porte le nombre 1. Augmentez le nombre de 12 (nombre de l'octave) 1 + 12 = 13, de ce produit soustrayez le nombre 8 (distance de la basse aussi bien que distance de l'accord majeur), vous aurez 5, qui est le nombre du ton *Mi*, premier ton consonnant de l'accord. Soustrayez encore une fois du nombre entier 13, le nombre 5 (distance diminuée de la basse, comme le nombre de premier ton consonnant (*), vous aurez le nombre 8, qui est le nombre du ton *Sol*, second ton consonnant. Voilà donc votre accord Do-Mi-Sol. La basse de cet accord est *Do*. Si vous doutez que le *Do* ne soit pas la basse réelle de cet accord, vous n'avez qu'à répéter avec les deux autres tons *Mi* et *Sol* le même procédé, c'est-à-dire augmentez leurs nombres par 12 et faites les mêmes soustractions de 8 et de 5. Exemples :

	Do		Mi		Sol
	1		5		8
	12		12		12
	13		17		20
Soustraire	8		8		8
Augmenter	3 + 5 Mi		3 + 9 Sol#		3 + 12 Si
ou de	13	de	17	de	20
soustraire	5		5		5
	8 Sol		12 Si		15 Ré

Vous voyez, d'après le résultat, que c'est *Do* qui produit l'accord Do-Mi-Sol; le *Mi* et le *Sol* produisent deux autres accords dont ils sont les basses; Mi-Sol#-Si est l'accord de quatre dièses, et Sol-Si-Ré, celui d'un dièse qui suit l'accord Do-Mi-Sol.

Dans la disposition des tons de ces trois accords donnés par le calcul, on remarque que chaque accord se répète deux fois, et cette répétition fait un cadre des accords Do-Mi-Sol et Sol-Si-Ré, tandis que l'accord Mi-Sol#-Si produit une croix au milieu du cadre comme le démontre cette figure :

```
Do — Mi — Sol
 |    |    |
Mi —Sol#— Si
 |    |    |
Sol — Si — Ré
```

Si vous vouliez faire le calcul de n'importe quel accord faux, vous ne trouveriez jamais sa répétition dans les trois colonnes résultant du calcul, et même le pro-

(*) Vous pouvez aussi, au lieu de faire la seconde soustraction de 13, ajouter au premier produit de la soustraction 5 le nombre 3 (nombre de la distance entre le premier et le deuxième ton consonnant), et le résultat sera le même.

2

duit entier de la première colonne indique où la correction de l'accord faux doit être faite. Exemple :

	Sol	Do	Ré
	8	1	3
Augmenter	12	12	12
	20	13	15
Soustraire	8	8	8
Augm. 3a—	12 Si	5 Mi	7 Fa♯
ou	20	13	15
Soustraire	5	5	5
	15 Re	8 Sol	10 La

Ici vous ne trouvez pas la répétition de l'accord donné, ni même les deux autres accords, Si-Mi-Fa♯ et Re-Sol-La ; ils ne se répètent pas, parce qu'ils sont aussi des accords faux comme l'accord Sol-Do-Re. Mais le produit entier de la première colonne corrige cet accord en désignant l'accord Sol-Si-Re ; les deux autres colonnes montrent des accords justes, qui sont Do-Mi-Sol et Re-Fa♯-La.

Pour trouver la gamme diatonique juste que l'accord Do-Mi-Sol vous donne, vous augmentez par 12 les nombres de ces trois tons et de leurs produits vous soustrayez le nombre 7, qui correspond avec sept tons de la gamme diatonique, puis vous soustrayez encore des premiers produits le nombre 5 ; ou, procédant autrement, vous pouvez, au lieu de faire cette deuxième soustraction, ajouter aux produits obtenus le nombre 2 (différence entre 7 et 5 de la formule de basse), et le résultat sera le même :

	Do	Mi	Sol
	1	5	8
	12	12	12
	13	17	20
Soustraire	8	8	8
Augmenter	3 + 5 Mi	3 + 9 Sol	3 + 12 Si
ou	13	17	20
Soustraire	5	5	5
	8 Sol	12 Si	15 Re

Vous avez ici en premier lieu l'accord Do-Mi-Sol, ensuite l'accord Fa-La-Do qui le précède, et puis l'accord Sol-Si-Re qui le suit. Pour avoir la gamme diatonique de l'accord Do-Mi-Sol, vous n'avez qu'à effacer un des deux tons qui sont représentés deux fois (c'est toujours le troisième ton de l'accord qui précède et le premier de l'accord qui suit l'accord primitif), et vous aurez la gamme de sept tons qui, étant disposée dans l'ordre ordinaire des tons, en commençant par le ton de la basse de l'accord, produit Do, Re, Mi, Fa, Sol, La, Si, gamme juste de cet accord.

Voici un autre mode de calcul plus simple pour former l'accord et sa gamme diatonique du nombre d'un seul ton ; il consiste en l'adjonction du nombre des distances de la basse et des deux tons consonnants de l'accord, au nombre que n'importe quel ton porte. Prenez par exemple le Do-1, ajoutez à 1 le nombre 4, distance entre la basse et le premier ton consonnant, le produit sera 5, qui est le nombre de Mi, premier ton consonnant de l'accord. A ce nombre 5 ajoutez 3 (distance entre les deux tons consonnants de l'accord), le produit, 8, est le nombre du Sol, deuxième ton consonnant de l'accord ; les trois tons obtenus par le calcul forment l'accord Do-Mi-Sol. Pour trouver la gamme diatonique et l'accord qui précède comme celui qui suit l'accord Do-Mi-Sol, vous ajoutez au nombre de ces trois tons le nombre 5 (distance diminuée des basses), et au produit de l'adjonction ajoutez le nombre 2 (différence entre les deux distances normales et diminuée des basses).

Exemple :

	Do 1 —	Mi 5 —	Sol 8
Ajoutez	5	5	5
	6 Fa —	10 La —	13 Do
Ajoutez	2	2	2
	8 Sol —	12 Si —	15 Re

Ici, comme dans le calcul compliqué, vous avez les trois accords, et en effaçant le dernier ton de l'accord qui précède et le premier ton de l'accord qui suit l'accord primitif, c'est-à-dire Do et Sol, qui se reproduisent, vous aurez la gamme diatonique de l'accord Do-Mi-Sol.

Les résultats identiques de ces deux modes différents de calcul prouvent que la liaison des lois musicales et mathématiques est incontestable, et que les nombres des tons ne sont pas appliqués à volonté, mais qu'ils sont réels et véritables.

§ 16. Le tableau qui suit montre l'ordre et les nombres de la progression des accords majeurs ainsi que leurs gammes diatoniques.

TABLEAU PROGRESSIF DES ACCORDS MAJEURS.

Formule de la distance de l'accord,	1+7=8	Formule de la reproduction de l'accord
— de la distance des basses,	1+7=8	par le calcul, 8 et 5
La série des tons diésés en allant de Do 1 à Sol 8		Formule de la gamme, 7 et 5
— des tons bémolisés en allant de Do 85 à Fa 78		

Ton / Accord		1 + 4 = 5 + 3 = 8			Nombre complet.	Nombre diminué.
Ton de Do majeur.		Do	Mi	Sol	14	
		7+	7+	7+	(21+)	(3+)
		8	12	15		
— Sol maj.	1#	Sol	Si	Re	35	17
		15	19	22		
— Re maj.	2#	Re	Fa#	La	56	20
		22	26	29		
-- La maj.	3#	La	Do#	Mi	77	23
		29	33	36		
— Mi maj.	4#	Mi	Sol#	Si	98	26
		36	40	43		
Ton de { Si maj.	5#	Si	Re#	Fa#	119	29
{ Dob maj.	7b	ou Dob	ou Mib	ou Solb		
		43	47	50		
— { Fa# maj.	6#	Fa#	La#	Do#	140	32
{ Solb maj.	6b	Solb	Sib	Reb		
		50	54	57		
— { Do# maj.	7#	Do#	Mi#	Sol#	161	35
{ Reb maj.	5b	Reb	Fa	Lab		
		57	61	64		
— Lab maj.	4b	Lab	Do	Mib	182	38
		64	68	71		
— Mib maj.	3b	Mib	Sol	Sib	203	41
		71	75	78		
-- Sib maj.	2b	Sib	Re	Fa	224	44
		78	82	85		
— Fa maj.	1b	Fa	La	Do	245	47
. . . .		. .	. .	. . . . . .		
		85	89	92		
— Do maj.		Do	Mi	Sol	266	50

TABLEAU DES GAMMES DIATONIQUES DES BASSES ET DES ACCORDS MAJEURS.

La formule de distances 1, 2, 2, 1, 2, 2, 2 (produit total, 12).

Basse.	Accord.			Gamme.						
				1	2	2	1	2	2	2
Do.	Do,	Mi,	Sol.	Do,	Re,	Mi,	Fa,	Sol,	La,	Si.
Sol.	Sol,	Si,	Re.	Sol,	La,	Si,	Do,	Re,	Mi,	Fa#.
Re.	Re,	Fa#,	La.	Re,	Mi,	Fa#,	Sol,	La,	Si,	Do#.
La.	La,	Do#,	Mi.	La,	Si,	Do#,	Re,	Mi,	Fa#,	Sol#.
Mi.	Mi,	Sol#,	Si.	Mi,	Fa#,	Sol#,	La,	Si,	Do#,	Re#.
Si.	Si,	Re#,	Fa#.	Si,	Do#,	Re#,	Mi,	Fa#,	Sol#,	La#.
Dob.	Dob,	Mib,	Solb.	Dob,	Reb,	Mib,	Fab,	Solb,	Lab,	Sib.
Fa#.	Fa#,	La#,	Do#.	Fa#,	Sol#,	La#,	Si,	Do#,	Re#,	Mi#.
Solb.	Solb,	Sib,	Reb.	Solb,	Lab,	Sib,	Dob,	Reb,	Mib,	Fa.
Do#.	Do#,	Mi#,	Sol#.	Do#,	Re#,	Mi#,	Fa#,	Sol#,	La#,	Si#.
Reb.	Reb,	Fa,	Lab.	Reb,	Mib,	Fa,	Solb,	Lab,	Sib,	Do.
Lab.	Lab,	Do,	Mib.	Lab,	Sib,	Do,	Reb,	Mib,	Fa,	Sol.
Mib.	Mib,	Sol,	Sib.	Mib,	Fa,	Sol,	Lab,	Sib,	Do,	Re.
Sib.	Sib,	Re,	Fa.	Sib,	Do,	Re,	Mib,	Fa,	Sol,	La.
Fa.	Fa,	La,	Do.	Fa,	Sol,	La,	Sib,	Do,	Re,	Mi.

§ 17. En général, la gamme diatonique commence par le ton qui est la basse de l'accord et finit par le premier ton consonnant de l'accord suivant :

$$1+2=3+2=5+1=6+2=8+2=10+2=12+3=15$$

Exemple :   Do   Re   Mi   Fa   Sol   La   Si   Re

L'accord suivant Sol-Si-Re prend son deuxième ton consonnant *Re* dans l'octave suivante. Les distances qui sont entre les sept tons de la gamme donnent la formule suivante : **1-2-2-1-2-2-2**, qui est la formule de toutes les gammes diatoniques des accords majeurs.

§ 18. Il est à remarquer que l'on peut reproduire tous les accords dans l'espace d'une seule octave ; mais les nombres qu'ils porteront ne seront que diminués. C'est seulement en progression que les accords développent leur nombre véritable ; l'octave ici joue le même rôle que la première dizaine dans l'arithmétique, qui donne les chiffres pour les calculs des progressions les plus élevées.

§ 19. Tous les accords majeurs doublent facilement leur basse soit à l'aigu, soit au grave. Exemple : Do-Mi-Sol, Do-Mi-Sol-Do, Do-Do, Mi-Sol-Do. Chaque adjonction de ces octaves naturellement augmente leur nombre primitif.

Exemple :   Do Mi Sol $= 14$ Do — Do Mi Sol $\{ = 27.$ Do — Do — Mi Sol Do $\} = 40.$
$\qquad\qquad\qquad 13 + 1 + 5 + 8 \;\{ \qquad\qquad 13 + 1 + 5 + 8 + 13 \}$

§ 20. En changeant l'ordre naturel des tons dans les accords majeurs, on obtient des *accords renversés*. Exemple : Do-Mi-Sol peut subir deux renversements, dont le premier sera : Mi-Sol-Do. et le deuxième : Sol-Do-Mi. Presque toujours ces renversements exigent un mouvement dans la basse ; par exemple l'accord Do-Mi-Sol, à son second renversement, qui est Sol-Do-Mi, prend comme nouvelle basse le *Sol*, pour équilibrer le nombre de l'augmentation (ou de la diminution) produit par le renversement de l'accord. Par la même raison les accords renversés ont une tendance à doubler leur basse plutôt dans les octaves aiguës que dans les octaves graves.

§ 21. La combinaison des accords majeurs avec les accords mineurs produit les accords de quatre et de cinq tons différents (accords de septième et de neuvième. (Voyez plus loin les accords de quatre et de cinq tons.

LES ACCORDS DU TON MINEUR OU LES ACCORDS MODIFIÉS.

§ 22. On considère le ton mineur comme provenant de la combinaison de deux accords, qui sont Fa-La-Do et Do-Mi-Sol, dont le premier fournit la basse *La*, et le deuxième donne les deux tons consonnants *Do* et *Mi*. Dans cette position, l'accord *La-Do-Mi* donne la formule suivante : $\dfrac{La - Do - Mi}{10 + 3 = 13 + 4 - 17}$, qui représente le renversement de la formule des accords majeurs. Ici la distance entre la basse et le premier ton consonnant est 1 + 3, au lieu d'être 1 + 4, et la distance entre les deux tons consonnants est 1 + 4, au lieu d'être 1 + 3. En outre, on remarque dans tous les accords mineurs la tendance propre aux accords renversés, c'est de doubler leur basse plutôt par les octaves aiguës que par les octaves graves. Ces accords forment une chaîne séparée de la chaîne des accords majeurs, desquels ils diffèrent par leur son, sinon par la marche de leur basse. Quant aux gammes des accords mineurs, jusqu'à présent on les faisait plutôt à volonté que d'une manière juste et régulière. On y trouve ou on y introduit des tons étrangers qui créent des dissonances, et donnent des difficultés quand on veut reproduire sur la portée musicale les morceaux composés dans les tons mineurs, parce qu'on trouve soit des dièses, soit des bémols et même des bécarres, tout à fait étrangers aux accidents qui servent d'armure aux tons majeurs. *Voyez* le § 35).

§ 23. Quand on veut former l'accord La-Do-Mi par calcul, dès le premier abord on remarque que cet accord n'est pas le premier accord de la série des accords mineurs, parce qu'on ne peut commencer cette série ni plus haut ni plus bas que l'*unité musicale* Do. — Transformer cet accord en Do-Mi-La serait plus juste; mais cela change complétement sa formule, qui est, comme nous l'avons vu, 1 + 3 = 4 + 4 = 8. La distance de basse et des tons consonnants de Do-Mi-La nous donne une autre formule : $\dfrac{Do - Mi - La}{1 + 4 = 5 + 5 = 10}$, c'est-à-dire : 1+9=10. Ici, la distance entre la basse et le premier ton consonnant est la même comme dans les accords majeurs, mais la distance entre le deuxième et le troisième ton de l'accord est augmentée de deux, et au lieu d'être 3 est 5. Par conséquent, le nombre 10 du ton La dépasse la limite des basses des accords qui est 1+7=8. Comme la distance des basses des accords majeurs et mineurs est identique, il est évident qu'il faut conserver la première formule 1 + 7; mais pour former l'accord mineur par le calcul compliqué, il faut se servir de la formule 1+9.

§ 24. L'accord mineur La-Do-Mi, ni d'après sa basse qui est La, ni d'après son nombre élevé qui est 40 (La 10, Do 13, Mi 17=40), ne peut être considéré comme le premier accord de la série qui doit avoir le nombre moins élevé et doit être basé sur le ton Do qui représente l'unité musicale. La série des accords mineurs ayant les mêmes basses que la série des accords majeurs, et qui commence par l'accord Do-Mi-Sol, à son tour ne peut commencer que par un accord pareil qui a pour sa basse le ton Do, et on trouve que l'accord mineur Do-Mi♭-Sol, qui porte le nombre 13, et qui représente la modification de l'accord Do-Mi-Sol, est le premier accord dans la série mineure, tandis que l'accord La-Do-Mi n'est que le quatrième; il est aussi la modification de l'accord majeur de trois dièses La-Do♯-Mi.

§ 25. Posons à présent par calcul l'accord mineur Do-Mi♭-Sol et sa gamme diatonique. Le procédé du calcul est presque le même que pour l'accord majeur; seulement la formule de soustraction, au lieu d'être 8, est 9 (distance, 1+9). Le nombre de la seconde soustraction est 5 (*).

	Do	Mi♭	Sol
	1	4	8
Ajouter	12	12	12
(Premier produit)	13	16	20
Soustraire	9	9	9
(Ajouter 4 au)	4 Mi♭	7 Sol♭	11 Si♭
(Ou du premier produit	13	16	20
soustraire)	5	5	5
	8 Sol	11 Si♭	15 Re

(Le cadre et la croix formés par la répétition des accords sont, dans cette figure, exactement comme dans celle des accords majeurs.)

Pour avoir la gamme diatonique de l'accord Do-Mi♭-Sol, on ajoute le nombre 12 au nombre de ces trois tons, et l'on soustrait le nombre 7, et ensuite le nombre 5 (ou l'on ajoute aux produits de la première soustraction le nombre 2).

(*) Au lieu de faire la deuxième soustraction de 13, on peut ajouter le nombre 4 aux produits de la première soustraction.

	Do	Mi♭	Sol
	1	4	8
Ajouter	12	12	12
	13	16	20
Soustraire	7	7	7
Ajouter 2 au	6 Fa	9 La♭	13 Do
Ou de	13	16	20
soustraire	5	5	5
	8 Sol	11 Si♭	15 Re

De ces trois accords, qui forment la gamme diatonique de l'accord Do-Mi♭-Sol, l'accord Fa-La♭-Do est l'accord qui le précède, et Sol-Si♭-Re est celui qui le suit. On efface les deux tons Do et Sol, qui se répètent, et les sept tons qui restent, disposés dans l'ordre ordinaire, forment la gamme diatonique de l'accord, qui commence par Do, basse de l'accord Do-Mi♭-Sol. Elle est donc :

Do, Re, Mi♭, Fa, Sol, La♭, Si♭,

et sa formule $\quad 1 + 2 + 1 + 2 + 2 + 1 + 2$

(le nombre total des distances est 11).

La formation de l'accord mineur par le calcul simple ou l'adjonction se fait de la même manière que celle de l'accord majeur, seulement les nombres des distances à ajouter au nombre des tons de l'accord sont 3 et 4. Les autres nombres d'adjonction restent les mêmes. (Voir § 15.)

§ 26. D'après ces résultats du calcul, on ne trouve plus de difficultés ni dans la disposition des accords mineurs ni dans la formation de leurs gammes justes, qui rejettent tous les tons étrangers qui les défiguraient et qui étaient introduits sous le nom de *notes sensibles;* en même temps disparaissent tous les dièses, les bémols et les bécarres étrangers aux accidents des armures, et le ton mineur se reconstitue pur et absolu. Il serait plus juste de le nommer le *ton modifié* ou le *ton de Do mineur.*

§ 27. La différence essentielle qui existe entre les accords majeurs et mineurs consiste dans la *modification de leur premier ton consonnant,* qui porte le nombre moins grand que dans les accords majeurs. Exemple : l'accord majeur $\frac{\text{Do-Mi-Sol}}{1+5+8=14}$ et l'accord mineur $\frac{\text{Do-Mi♭-Sol}}{1+4+8=13}$. Cette modification ne change pas le nombre de la distance de l'accord ni la distance de la basse, qui restent les mêmes, comme dans l'accord majeur, c'est-à-dire $1+7=8$;

3

mais le nombre total de l'accord mineur 13 est inférieur au nombre total de
l'accord majeur, qui est 14. Cette diminution ou soustraction d'un ton équivaut
aux trois distances de la basse (3 fois $7 = 21$ et 7, basse primitive, $= 28\,Mi\flat$),
et fait descendre l'accord Do-Mi♭-Sol dans le ton de trois bémols; mais, comme
sa basse Do dans ce cas ne fait aucun mouvement, l'accord la conserve et reste
l'accord mineur de trois bémols, qui est différent par sa basse, par la disposition de ses tons, par le son et le caractère de l'accord majeur de trois bémols,
qui est Mi♭-Sol-Si♭. La gamme de l'accord Do-Mi♭-Sol, composée des mêmes
tons que la gamme de l'accord majeur Mi♭-Sol-Si♭, diffère par sa formule, qui
est $1+2+1+2+2+1+2$ (11), et non pas $1+2+2+1+2+2+2$ (12), comme
celle de l'accord majeur, et par la disposition de ses tons, qui commencent
par Do dans la gamme mineure et par Mi♭ dans la gamme majeure; l'effet
des sons produits par la même gamme accompagnée par l'accord majeur
Mi♭-Sol-Si♭, ou par l'accord mineur Do-Mi♭-Sol, est tout à fait différent.

§ 28. Les accords mineurs provenant, comme nous l'avons vu, de la modification du premier ton consonnant des accords majeurs, n'ont rien de commun
avec eux. Les accords mineurs peuvent remplacer les accords majeurs ou se
lier avec eux dans des conditions favorables, comme nous le verrons plus loin;
mais jamais ils ne seront *identiques*. On peut dire seulement de l'accord
mineur : qu'*il dérive* de l'accord majeur, qu'*il le représente* ou qu'*il le remplace*.

§ 29. Les accords mineurs forment une chaîne ronde pareille aux accords
majeurs. Les basses des accords mineurs, leurs distances, comme la distance
totale des accords $1+7=8$, sont identiques avec les accords majeurs.

§ 30. Les accords mineurs ont une tendance à doubler leur basse par l'octave aiguë plutôt que par l'octave grave, mais ils résonnent bien avec la basse
triplée par les octaves graves comme par les octaves aiguës.

§ 31. La table suivante représente la chaîne ronde formée par les accords
mineurs dans leur succession, dans laquelle, en allant de Do à Sol, se développe la série des tons diésés; et en allant en sens inverse, de Do à Fa, on
trouve la série des tons bémolisés. La deuxième table représente les gammes
diatoniques des accords mineurs.

— 19 —

TABLE DES ACCORDS MINEURS.

Formule de l'accord, $1+7=8$ Distance des tons de l'accord, $1+3=4+4=8$
—   des basses, $1+7=8$
—   de la reproduction de l'accord par le calcul,   9 et 5
—   —   de la gamme,   7 et 5

La série des tons diésés en allant de   Do 1   à Sol 8
—   des tons bémolisés en allant de   Do 85 à Fa 78

Ton :			$1 + 3 = 4 + 4 = 8$			Remplace, représente et dérive de :		Nombre complet. (+21)	Nombre diminué. (+3)
Ton :	Do mineur	3♭	Do +7 8	Mi♭ +7 11	Sol +7 15	Do majeur		13	
—	Sol min.	2♭	Sol 15	Si♭ 18	Re 22	Sol maj.	1♯	34	16
—	Re min.	1♭	Re 22	Fa 25	La 29	Re maj.	2♯	55	19
—	La min.		La 29	Do 32	Mi 36	La maj.	3♯	76	22
—	Mi min.	1♯	Mi 36	Sol 39	Si 43	Mi maj.	4♯	97	25
—	Si min.	2♯	Si 43	Re 46	Fa♯ 50	{ Si maj. 5♯ / Do♭ maj. 7♭ }		118	28
—	Fa♯ min.	3♯	Fa♯ 50	La 53	Do♯ 57	{ Fa♯ maj. 6♯ / Sol♭ maj. 6♭ }		139	31
—	Do♯ min.	4♯	Do♯ 57	Mi 60	Sol♯ 64	{ Do♯ maj. 7♯ / Re♭ maj. 5♭ }		160	34
—	{ Sol♯ min. 5♯ / Lab min. 7♭ }		{ Sol♯ / La♭ 64	Si / Do♭ 67	Re♯ / Mi♭ 71	Lab maj. 4♭		181	37
—	{ Re♯ min. 6♯ / Mi♭ min. 6♭ }		{ Re♯ / Mi♭ 71	Fa♯ / Sol♭ 74	La♯ / Si♭ 78	Mi♭ maj. 3♭		202	40
—	{ La♯ min. 7♯ / Si♭ min. 5♭ }		{ La♯ / Si♭ 78	Do♯ / Re♭ 81	Mi♯ / Fa 85	Si♭ maj. 2♭		223	43
—	Fa min.	4♭	Fa 85	La♭ 88	Do 92	Fa maj. 1♭		244	46
—	Do min.		Do	Mi♭	Sol	Do maj.		265	49

TABLE DES GAMMES DIATONIQUES ET DES BASSES DES ACCORDS MINEURS.

La formule des distances de la gamme 1, 2, 1, 2, 2, 1, 2 (nombre total, 11).

Basse.	Accord.			Gamme.						
				1	2	1	2	2	1	2
Do.	Do,	Mi♭,	Sol.	Do,	Re,	Mi♭,	Fa,	Sol,	La♭,	Si♭.
Sol.	Sol,	Si♭,	Re.	Sol,	La,	Si♭,	Do,	Re,	Mi♭,	Fa.
Re.	Re,	Fa,	La.	Re,	Mi,	Fa,	Sol,	La,	Si♭,	Do.
La.	La,	Do,	Mi.	La,	Si,	Do,	Re,	Mi,	Fa,	Sol.
Mi.	Mi,	Sol,	Si.	Mi,	Fa♯,	Sol,	La,	Si,	Do,	Re.
Si.	Si,	Re,	Fa♯.	Si,	Do♯,	Re,	Mi,	Fa♯,	Sol,	La.
Fa♯.	Fa♯,	La,	Do♯.	Fa♯,	Sol♯,	La,	Si,	Do♯,	Re,	Mi.
Do♯.	Do♯,	Mi,	Sol♯.	Do♯,	Re♯,	Mi,	Fa♯,	Sol♯,	La,	Si.
{ Sol♯.	{ Sol♯,	Si,	Re♯.	{ Sol♯,	La♯,	Si,	Do♯,	Re♯,	Mi,	Fa♯.
{ La♭.	{ La♭,	Do♭,	Mi♭.	{ La♭,	Si♭,	Do♭,	Re♭,	Mi♭,	Mi,	Sol♭.
{ Re♯.	{ Re♯,	Fa♯,	La♯.	{ Re♯,	Mi♯,	Fa♯,	Sol♯,	La♯,	Si,	Do♯.
{ Mi♭.	{ Mi♭,	Sol♭,	Si♭.	{ Mi♭,	Fa,	Sol♭,	La♭,	Si♭,	Do♭,	Re♭.
{ La♯.	{ La♯,	Do♯,	Mi♯.	{ La♯,	Si♯,	Do♯,	Re♯,	Mi♯,	Fa♯,	Sol♯.
{ Si♭.	{ Si♭,	Re♭,	Fa.	{ Si♭,	Do,	Re♭,	Mi♭,	Fa,	Sol♭,	La♭.
Fa.	Fa,	La♭,	Do.	Fa,	Sol,	La♭,	Si♭,	Do,	Re♭,	Mi♭.

. . . .

§ 32. Le ton mineur joue un grand rôle dans la musique, parce que sa combinaison avec le ton majeur présente un grand nombre de variétés qui produisent des changements dans la mélodie, dans l'harmonie et dans les mouvements des basses. Les accords majeurs, qui ne se combinent pas entre eux, se combinent régulièrement avec les accords mineurs et produisent deux séries ou deux chaînes rondes, dont la première se compose d'un accord majeur suivi d'un accord mineur (qui remplace l'accord majeur); la deuxième chaîne commence par l'accord mineur, suivi de l'accord majeur (qui remplace l'accord mineur).

§ 33. Dans les deux tables qui suivent sont représentées deux chaînes composées par la combinaison des accords majeurs et mineurs.

PREMIÈRE TABLE DE LA COMBINAISON DES ACCORDS MAJEURS ET MINEURS.

La série commence par l'*accord majeur*.
La formule de la distance des basses   1+7=8.
—   —   des accords 1+7=8.
La formule de la reproduction de l'accord par le calcul est la même que dans les tables
des accords majeurs et mineurs.
Les formules des gammes diatoniques des accords majeurs et mineurs sont les mêmes que dans les tables
des gammes majeures et mineures.
La série des tons diésés en allant de   Do 1 à Sol 8.
— des tons bémolisés en allant de Do 85 à Fa 78.

Ton.		Accord.			Nombre complet.
		$1+4=5+3=8$			
Do majeur		Do	Mi	Sol	14
		7+	6+	7+	(+20)
Sol mineur représente 2♭ et remplace 1♯		Sol	Si♭	Re	34
		8	11	15	(+22)
			+8		
Re majeur	2♯	Re	Fa♯	La	56
		15	19	22	(+20)
			+6		
La mineur remplace	3♯	La	Do	Mi	76
		22	25	29	(+22)
			+8		
Mi majeur	4♯	Mi	Sol♯	Si	98
		29	33	36	(+20)
			+6		
Si mineur 2♯ remplace	5♯ {	Si	Re	Fa♯	118
Do♭	7♭ }	Do♭	Re	Sol♭	
		36	39	43	(+22)
			+8		
Fa♯ majeur	6♯ {	Fa♯	La♯	Do♯	140
Sol♭	6♭ {	Sol♭	Si♭	Re♭	
		43	47	50	(+20)
			+6		
Do♯ mineur 4♯ remplace	7♯ {	Do♯	Mi	Sol♯	160
Re♭	5♭ {	Re♭	Mi	La♭	
		50	53	57	(+22)
			+8		
La♭ majeur	4♭	La♭	Do	Mi♭	182
		57	61	64	(+20)
			+6		
Mi♭ mineur 6♭ remplace	3♭	Mi♭	Sol♭	Si♭	202
		64	67	71	(+22)
			+8		
Si♭ majeur	2♭	Si♭	Re	Fa	224
		71	75	78	(+20)
			+6		
Fa mineur 4♭ remplace	1♭	Fa	La♭	Do	244
		78	81	85	(+22)
			+8		
. . . .					
Do majeur		Do	Mi	Sol	266
		85	89	92	

DEUXIÈME TABLE DE LA COMBINAISON DES ACCORDS MINEURS ET MAJEURS.

La série commence par l'*accord mineur*.

Toutes les formules sont les mêmes que dans la table précédente.

Ton.		Accord. $1 + 3 = 4 + 4 = 8$			Nombre complet.
Do mineur 3♭ représente et rem- place Do majeur		Do 7+	Mi♭ 8+	Sol 7+	13 (22+)
Sol majeur	1♯	Sol+ 8	Si+ 12 6+	Re 15	35 (20+)
Re mineur 1♭ remplace	2♯	Re 15	Fa 18 8+	La 22	55 (22+)
La majeur	3♯	La 22	Do♯ 26 6+	Mi 29	77 (20+)
Mi mineur 1♯ remplace	4♯	Mi 29	Sol 32 8+	Si 36	97 (22+)
{ Si majeur { Do♭	5♯ 7♭	{ Si { Do♭ 36	Re♯ Mi♭ 40 6+	Fa♯ } Sol♭ } 43	119 (20+)
{ Fa♯ mineur 3♯ remplace { Sol♭	6♯ 6♭	{ Fa♯ { Sol♭ 43	La La 46 8+	Do♯ ⟩ Re♭ ⟩ 50	139 (22+)
{ Do♯ majeur { Re♭	7♯ 5♭	{ Do♯ { Re♭ 50	Mi♯ Fa 54 6+	Sol♯ } La♭ } 57	161 (20+)
{ La♭ mineur 7♭ remplace { ou Sol♯ 5♯	4♭	La♭ 57	Do♭ 60 8+	Mi♭ 64	181 (22+)
Mi♭ majeur	3♭	Mi♭ 64	Sol 68 6+	Si♭ 71	203 (20+)
{ Si♭ mineur 5♭ remplace { ou La♯ 7♯	2♭	Si♭ 71	Re♭ 74 8+	Fa 78	223 (22+)
Fa majeur	1♭	Fa 78	La 82 6+	Do 85	245 (20+)
. . . .					
Do mineur		Do 85	Mi♭ 88	Sol 92	265

§ 34. La marche rétrograde de la basse (c'est-à-dire, d'après la formule diminuée, 13—5=8 ou 1+5=6) donne une meilleure consonnance aux accords de la première table, en allant du grave à l'aigu. Exemple : Do-Mi-Sol, basse Do1+5=6 Fa-Lab-Do, et dans la deuxième table, en allant de l'aigu au grave. Exemple : Do-Mib-Sol, basse Do13—5= 8 Sol-Si-Re.

§ 35. Tous les morceaux de musique écrits jusqu'à présent, et que l'on supposait être du *mode mineur*, ne présentent que cette combinaison des accords majeurs et mineurs exprimée dans ces deux tableaux, et comme chaque accord conserve sa gamme diatonique, on trouvait dans les mélodies des tons appartenant à deux gammes différentes; ce sont ces raisons qui donnaient tant de difficultés pour composer la gamme diatonique mineure juste. (Voir § 45.)

§ 36. De cette combinaison des accords majeurs et mineurs que nous avons vue dans la première des deux tables dérivent encore deux séries d'accords, dont l'une de quatre et l'autre de cinq tons (accords de septième et de neuvième), plus une série des accords de trois tons, que l'on peut nommer *accords diminués*. Voici comment ces accords se produisent.

DES ACCORDS DIMINUÉS

(OU ACCORDS DE TRITONS).

§ 37. La combinaison de l'accord majeur Lab-Do-Mib avec l'accord mineur Mib-Solb-Sib produit une série d'accords qui commence par l'accord Do-Mib-Solb. Cet accord dérive de l'accord Lab-Do-Mib, duquel il prend le premier ton consonnant Do, et de l'accord Mib-Solb-Sib, dont il prend la basse et le premier ton consonnant Mib et Solb. L'accord Do-Mib-Solb présente la deuxième modification de l'accord fondamental Do-Mi-Sol, dont la première a produit déjà l'accord mineur Do-Mib-Sol. La distance diminuée de l'accord $\frac{\text{Do} - \text{Mib} - \text{Solb}}{1+3=4+3=7}$, qui est 1+6=7, et qui correspond à la soustraction de deux tons, équivaut aux deux distances de la basse (2 fois 7=14), ce qui pose l'accord Do-Mib-Solb dans le ton de cinq bémols. Cette distance diminuée, 1+6, de l'accord est la cause que les accords modifiés ne peuvent former une chaîne pareille aux accords majeurs qui sont liés par la distance des basses, qui est égale à la distance de l'accord, c'est-à-dire 1+7=8. Néanmoins les accords diminués forment une série de douze accords, qui comprend les tons diésés comme les tons bémolisés, qui dans les conditions favorables remplacent ou représentent les accords majeurs et mineurs.

§ 38. Pour poser l'accord diminué par le calcul compliqué, on ajoute aux nombres de ces trois tons le nombre de l'octave **12**, et l'on soustrait des produits le nombre 9 (formule de l'accord mineur), et puis 6 (formule de la distance de l'accord diminué), ou l'on ajoute aux produits de la première soustraction le nombre 3 (distance entre les tons de l'accord diminué). Exemple :

	Do	Mi♭	Sol♭
	1	4	7
Ajouter	12	12	12
	13	16	19
Soustraire	9	9	9
Ajouter 3 au	4 Mi♭	7 Sol♭	10 La
Ou de	13	16	19
soustraire	6	6	6
	7 Sol♭	10 La	13 Do

Dans ces trois accords produits par le calcul, on ne voit que la répétition de quatre tons : Do, Mi♭, Sol♭ et La; ce qui prouve que les accords diminués n'ont pas de succession régulière comme les accords majeurs et mineurs.

Pour trouver l'accord qui précède Do-Mi♭-Sol♭, comme celui qui le suit, et la gamme diatonique, on emploie le même procédé que pour les accords majeurs, c'est-à-dire qu'on ajoute aux nombres des tons de l'accord Do, Mi♭, Sol♭ le nombre 12, et l'on soustrait le nombre 7, et puis le nombre 5, ou l'on ajoute aux premiers produits de la soustraction le nombre 2 (différence entre les deux formules de basse). Exemple :

	Do	Mi♭	Sol♭
	1	5	8
Ajouter	12	12	12
	13	16	19
Soustraire	7	7	7
Ajouter 2 au	6 Fa	9 La♭	12 Si
ou de	13	16	19
soustraire	5	5	5
	8 Sol	11 Si♭	14 Ré♭

Des deux accords obtenus par ce calcul Fa-Lab-Si est l'accord qui précède Do-Mib-Solb, et l'accord Sol-Sib-Reb est celui qui le suit. Pour trouver la gamme diatonique, d'après la règle, on efface le dernier ton de l'accord qui précède et le premier ton de l'accord qui suit l'accord primitif (*). Les sept tons qui restent forment la gamme diatonique de l'accord Do-Mib-Solb, qui est :

$$\text{Do,} \quad \text{Reb,} \quad \text{Mib,} \quad \text{Fa,} \quad \text{Solb,} \quad \text{Lab,} \quad \text{Sib,}$$

et sa formule
$$1 + 1 + 2 + 2 + 1 + 2 + 2$$
(le nombre total des distances est 11).

§ 39. Le procédé de calcul simple (par l'adjonction) pour poser l'accord Do-Mib-Solb est le suivant :

Do	Mib	Solb	
1	4	7	
+3	+3	+3	(Nombre des distances entre les tons de l'accord.)
4 Mib	7 Solb	10 La	
+3	+3	+3	
7 Solb	10 La	13 Do	

Pour poser les deux accords, celui qui précède et celui qui suit l'accord Do-Mib-Solb, comme pour avoir sa gamme diatonique, on ajoute 5 et puis 7 (nombre des distances des basses), ou l'on ajoute aux premiers produits le nombre 2 (différence entre les deux distances des basses). Exemple :

	Do	Mib	Solb
	1	4	7
	+5	+5	+5
Ajouter 2 à	6 Fa	9 Lab	12 Si
	1	4	7
ou	+7	+7	+7
	8 Sol	11 Sib	14 Reb

Effacez, d'après la règle, Si et Sol, les sept tons qui restent donnent la gamme diatonique de l'accord Do-Mib-Solb.

§ 40. Voici le tableau de la série des accords diminués avec leurs gammes diatoniques :

(*) L'absence de la liaison régulière entre les accords diminués est la cause que les tons Do et Solb ne se reproduisent pas deux fois dans ces trois accords.

TABLE DES ACCORDS DIMINUÉS (*).

La formule des distances de l'accord, $1+6=7$.
— de la reproduction de l'accord par le calcul, $1+9$.
La série des tons diésés en allant de Do 1 à Sol 8.
— des tons bémolisés en allant de Do 85 à Fa 78.

Provient de l'accord majeur et se lie avec la basse de		Accord.			Représente et remplace les accords majeurs ou mineurs de	Nombre complet.	Nombre diminué.
		$1+3=4+3=7$					
Lab	5♭	Do	Mi♭	Sol♭	Do	/12\	
	7♯	Si♯	Re♯	Fa♯		(21+)	(3+)
		+7	+7	+7			
		8	11	14			
Mi♭	4♭	Sol	Si♭	Re♭	Sol	33	13
		15	18	21			
Si♭	3♭	Re	Fa	La♭	Re	54	18
		22	25	28			
Fa	2♭	La	Do	Mi♭	La	71	21
		29	32	35			
Do	1♭	Mi	Sol	Si♭	Mi	92	24
		36	39	42			
Sol		Si	Re	Fa	{ Si { Do♭	{ 113	27
		43	46	49			
Re	1♯	Fa♯	La	Do	{ Fa♯ { Sol♭	} 134	30
		50	53	56			
La	2♯	Do♯	Mi	Sol	{ Do♯ { Re♭	} 155	33
		57	60	63			
Mi	3♯	Sol♯	Si	Re	Lab	176	36
		64	67	70			
{ Si { Do♭	4♯	{ Re♯ { Mi♭	{ Fa♯ { Sol♭	La La	{ Mi♭	197	39
		71	74	77			
{ Fa♯ { Sol♭	5♯ 7♭	{ La♯ { Si♭	Do♯ Re♭	Mi Fa♭	{ Si♭	218	42
		78	81	84			
{ Do♯ { Re♭	6♯ 6♭	{ Mi♯ { Fa	Sol♯ La♭	Si Do♭	} Fa	239	45
. . . .							
		85	88	91			
Lab		Do	Mi♭	Sol♭	Do	260	48

(*) Dans ce tableau, la succession des accords est régie d'après la formule des basses des accords majeurs.

TABLE DES GAMMES DIATONIQUES DES ACCORDS DIMINUÉS.

La formule des distances 1, 1, 2, 2, 1, 2, 2 (nombre total, 11).

Le nom du ton qui remplace la basse régulière.		Accord.			Gamme.						
5♭	Do diminué	Do	Mi♭	Sol♭	Do,	Re♭,	Mi♭,	Fa,	Sol♭,	La♭,	Si♭.
7♯	—	Si♯	Re♯	Fa♯	Si♯,	Do♯,	Re♯,	Mi♯,	Fa♯,	Sol♯,	La♯.
4♭	Sol	Sol	Si♭	Re♭	Sol,	La♭,	Si♭,	Do,	Re♭,	Mi♭,	Fa.
3♭	Re	Re	Fa	La♭	Re,	Mi♭,	Fa,	Sol♭,	La♭,	Si♭,	Do.
2♭	La	La	Do	Mi♭	La,	Si♭,	Do,	Re,	Mi♭,	Fa,	Sol.
1♭	Mi	Mi	Sol	Si♭	Mi,	Fa,	Sol,	La,	Si♭,	Do,	Re.
	Si	Si	Re	Fa	Si,	Do,	Re,	Mi,	Fa,	Sol,	La.
1♯	Fa♯	Fa♯	La	Do	Fa♯,	Sol,	La,	Si,	Do,	Re,	Mi.
2♯	Do♯	Do♯	Mi	Sol	Do♯,	Re,	Mi,	Fa♯,	Sol,	La,	Si.
3♯	Sol♯	Sol♯	Si	Re	Sol♯,	La,	Si,	Do♯,	Re,	Mi,	Fa♯.
4♯	Re♯	Re♯	Fa♯	La	Re♯,	Mi,	Fa♯,	Sol♯,	La,	Si,	Do♯.
	Mi♭	Mi♭	Sol♭	La	Mi♭,	Mi,	Sol♭,	La♭,	La,	Do♭,	Re♭.
5♯	La♯	La♯	Do♯	Mi	La♯,	Si,	Do♯,	Re♯,	Mi,	Fa♯,	Sol♯.
7♭	Si♭	Si♭	Re♭	Fa♭	Si♭,	Do♭,	Re♭,	Mi♭,	Fa♭,	Sol♭,	La♭.
6♯	Mi♯	Mi♯	Sol♯	Si	Mi♯,	Fa♯,	Sol♯,	La♯,	Si,	Do♯,	Re♯.
6♭	Fa	Fa	La♭	Do♭	Fa,	Sol♭,	La♭,	Si♭,	Do♭,	Re♭,	Mi♭.
. . . .											
5♭	Do	—	Do	Mi♭	Sol♭						

§ 41. Les accords diminués ont une tendance à se lier entre eux, et cette liaison produit les accords de quatre tons qui, dans leur succession ne dépassant pas une octave, forment une courte chaîne de trois accords de trois tons reproduits continuellement. Exemple : Do-Mi♭-Sol♭, La-Do-Mi♭-Sol♭-La-Do, et ainsi de suite. Nous avons déjà vu cette succession dans le premier produit du calcul compliqué.

§ 42. Les accords diminués doublent et triplent leurs premiers tons, qui tiennent la place de la basse réelle, exclusivement par les octaves aiguës. Ils se lient et vibrent bien avec la basse de l'accord qui leur a donné naissance; dans cette combinaison, ils représentent l'accord majeur de quatre tons (accord de sixte), et ils se combinent avec les accords mineurs pour former les accords mineurs de quatre et de cinq tons, mais les sons produits par cette combinaison sont moins purs et plus étouffés que les sons des accords de quatre et de cinq tons résultant de la combinaison des accords majeurs avec les accords mineurs.

DES ACCORDS DE QUATRE ET DE CINQ TONS

(ACCORDS DE SEPTIÈME ET DE NEUVIÈME)

OU LES ACCORDS A DEUX BASSES.

§ 43. Ce n'est que la combinaison de deux accords de différents modes qui produit les accords de quatre et cinq tons; par exemple, dans l'accord de cinq tons, Do-Mi-Sol-Si♭-Re, l'accord majeur Do-Mi-Sol se lie avec l'accord mineur Sol-Si♭-Re; les deux tons *Sol*, c'est-à-dire le dernier ton consonnant de l'accord majeur et la basse de l'accord mineur, se confondent et l'accord ne présente plus que cinq tons. Exemple :

$$\text{Do} - \text{Mi} - \overparen{\text{Sol, Sol}} - \text{Si}\flat - \text{Re} \qquad \text{ou} \qquad \text{Do} - \text{Mi} - \text{Sol} - \text{Si}\flat - \text{Re}$$
$$1+4=5+3=8\ 8+3=11+4=15 \qquad\qquad 1+4=5+3=8+3=11+4=15$$

Le nombre de Sol, comme le ton lui-même, ne se reproduit pas, et pour cette raison le total de l'accord est 40, au lieu d'être 48. La formule donnée par l'accord de cinq tons est : $1+4+3+3+4=15$, ou $1+14=15$. (Nombre égal à deux distances des basses qui est $1+7=8+7=15$.)

§ 44. Dans les mêmes conditions, les accords mineurs se combinent avec les accords diminués, et à leur tour produisent les accords mineurs de cinq tons qui donnent la formule $1+3+4+3+3=14$, ou $1+13=14$. Leurs sons, comme nous avons dit, sont moins purs et plus étouffés que les sons des accords de cinq tons majeurs.

§ 45. En général, les accords de cinq tons conservent les deux basses et les deux gammes diatoniques qui appartiennent aux accords combinés. De préférence ils prennent la basse du premier accord, mais ils vibrent aussi bien avec la basse du second accord, comme avec les deux basses prises ensemble. Les accords majeurs doublent leur basse par l'octave grave, tandis que les accords mineurs résonnent mieux avec les deux basses prises ensemble. L'accord de cinq tons accompagne bien ses deux gammes différentes, mais l'accord majeur vibre mieux avec la gamme de l'accord mineur, et l'accord mineur avec celle de l'accord diminué. Au fond, le calcul, comme on le verra plus loin, produit, pour les accords de quatre et cinq tons, une gamme qui contient neuf tons, et avec laquelle l'accord résonne bien, mais cette gamme n'est pas employée.

§ 46. Les accords de quatre et de cinq tons, par les nombres comme par les tons qui les composent, se placent entre les deux accords des différents tons séparés par le troisième accord, comme on le voit dans la combinaison de l'accord majeur Do-Mi-Sol avec l'accord mineur du ton bémolisé Sol-Si♭-Re (qui est l'accord de deux bémols, ainsi que l'accord majeur Si♭-Re-Fa). Cette liaison se fait en évitant l'accord Fa-La-Do (d'un bémol) avec lequel ni l'accord Do-Mi-Sol ni l'accord Sol-Si♭-Re ne peuvent se combiner.

§ 47. La formation des accords de *quatre* tons est identique avec celle des accords de cinq tons, et représente la même combinaison de deux accords de modes différents, qui ont un ton de moins que les accords de cinq tons ; cette diminution leur donne l'aspect de l'accord de trois tons, lié avec la basse d'un autre accord. Les accords majeurs de quatre tons dans cet état présentent les accords diminués de trois tons avec les basses des accords majeurs, et les accords mineurs montrent la combinaison des accords majeurs avec la basse des accords mineurs. Exemple :

Do — Mi-Sol-Si♭	et	Do — Mi♭-Sol-Si♭
basse majeure. accord diminué.		basse mineure. accord majeur.

Mais, au fond, les accords de quatre tons ne sont que les accords de cinq tons diminués par la soustraction de leur cinquième ton, et ils ressemblent en tout aux accords de cinq tons ; une seule différence, qui existe entre eux, c'est que l'accord de quatre tons majeurs conservant, comme l'accord de cinq tons, ses deux gammes diatoniques, accompagne mieux la gamme majeure, et l'accord de quatre tons mineurs résonne mieux avec la gamme mineure, tandis que dans les accords de cinq tons on remarque le contraire. Les formules des accords de quatre tons sont les suivantes : pour l'accord majeur combiné avec l'accord mineur, elle est : $1+4+3+3=11$ ou $1+10=11$, et pour l'accord mineur combiné avec l'accord diminué $1+3+4+3=11$ ou $1+10=11$. La différence n'existe que dans la disposition des distances, mais le nombre total est le même pour les deux formules.

§ 48. En procédant par le calcul simple, on pose les accords de quatre et de cinq tons, en ajoutant les nombres de leurs distances (trois nombres pour l'accord de quatre tons et quatre nombres pour l'accord de cinq tons), au nombre de n'importe quel ton. Exemple :

$$\text{Do } 1+4=5 \text{ Mi}+3=8 \text{ Sol}+3=11 \text{ Si}\flat, \text{ accord majeur de quatre tons,}$$

ou

$$\text{Do } 1+3=4 \text{ Mi}\flat+4=8 \text{ Sol}+3=11 \text{ Si}\flat, \text{ accord mineur.}$$

Ainsi, pour l'accord de cinq tons majeurs

$$\text{Do } 1+4=5 \text{ Mi}+3=8 \text{ Sol}+3=11 \text{ Si}\flat+4=15 \text{ Re}$$

ou

$$\text{Do } 1+3=4 \text{ Mi}\flat+4=8 \text{ Sol}+3=11 \text{ Si}\flat+3=14 \text{ Re}\flat \text{ accord mineur.}$$

Pour trouver les accords qui précèdent et qui suivent les accords primitifs, on ajoute aux nombres des tons de l'accord le nombre 5 (distance diminuée de la basse), et aux produits on ajoute le nombre 2 (différence entre les deux formules de la basse). Exemple :

	Do 1	Mi 5	Sol 8	Si♭ 11	accord majeur
Ajouter	5	5	5	5	de quatre tons.
	6 Fa	10 La	13 Do	16 Mi♭	
Ajouter	2	2	2	2	
	8 Sol	12 Si	15 Re	16 Fa	

Le premier accord produit par le calcul est l'accord qui précède l'accord primitif, le deuxième est celui qui le suit. Effacez des trois tons qui se reproduisent en double, un Do, un Fa et un Sol, les neufs tons qui restent présentent une gamme de neuf tons que l'accord peut accompagner, mais que l'on n'emploie pas. Le calcul de l'accord de cinq tons donne les résultats pareils. Exemple :

	Do 1	Mi 5	Sol 8	Si♭ 11	Re 15
Ajouter	5	5	5	5	5
	6 Fa	10 La	13 Do	16 Mi♭	20 Sol
Ajouter	2	2	2	2	2
	8 Sol	12 Si	15 Re	18 Fa	22 La

L'accord qui précède et l'accord qui suit l'accord primitif sont comme dans le premier exemple ; mais au lieu d'être de quatre tons, ils sont ici des accords de cinq tons. Effacez les six tons qui sont en double et les neuf tons qui restent donnent la même gamme que pour l'accord de quatre tons.

§ 49. Dans les quatre tableaux qui suivent, sont représentées les quatre séries formées par les accords de quatre et de cinq tons.

PREMIÈRE TABLE DES ACCORDS DE QUATRE TONS MAJEURS.

1° La série de la combinaison des accords majeurs avec les accords mineurs.

La distance des basses (d'après les accords majeurs), $1+7=8$.

Formule de la distance de l'accord, $1+4+3+3=11$ ou $1+10=11$.

La série des accords des tons diésés en allant de Do 1 à Sol 8.

— — des tons bémolisés en allant de Do 85 à Fa 78.

Ton.			Accord.				Nombre complet.	Nombre diminué.
Do majeur			Do $1+4=5+$ $7+$	Mi $3=8+$ $7+$	Sol $3=11$ $7+$	Si♭ $7+$	$(28+)$	$\nearrow 25 \searrow$ $(4+)$
Sol	—	1♯	Sol 8	Si 12	Re 15	Fa 18	53	29
Re	—	2♯	Re 15	Fa♯ 19	La 22	Do 25	81	33
La	—	3♯	La 22	Do♯ 26	Mi 29	Sol 32	109	37
Mi	—	4♯	Mi 29	Sol♯ 33	Si 36	Re 39	137	41
Si / Do♭	—	5♯ / 7♭	Si / Do♭ 36	Re♯ / Mi♭ 40	Fa♯ / Sol♭ 43	La / La 46	165	45
Fa♯ / Sol♭	—	6♯ / 6♭	Fa♯ / Sol♭ 43	La♯ / Si♭ 47	Do♯ / Re♭ 50	Mi / Mi 53	193	49
Do♯ / Re♭	—	7♯ / 5♭	Do♯ / Re♭ 50	Mi♯ / Fa 54	Sol♯ / La♭ 57	Si / Si 60	221	53
La♭	—	4♭	La♭ 57	Do 61	Mi♭ 64	Sol♭ 67	249	57
Mi♭	—	3♭	Mi♭ 64	Sol 68	Si♭ 71	Re♭ 74	277	61
Si♭	—	2♭	Si♭ 71	Re 75	Fa 78	La♭ 81	305	65
Fa	—	1♭	Fa 78	La 82	Do 85	Mi♭ 88	333	69
Do majeur			Do 85	Mi 89	Sol 92	Si♭ 95	361	73

DEUXIÈME TABLE DES ACCORDS DE QUATRE TONS MINEURS.

2ᵉ Série de la combinaison des accords mineurs avec les accords diminués.

La distance des basses (d'après les accords mineurs), 1+7=8.
Formule de la distance de l'accord, 1+3+4+3=11 ou 1+10=11.
La série des accords des tons diésés en allant de Do 1 à Sol 8.
— — des tons bémolisés en allant de Do 85 à Fa 78.

Ton.			Accord.				Nombre complet.	Nombre diminué.
Do mineur	3♭		Do	Mi♭	Sol	Si♭		
			1 + 3 = 4 + 4 = 8 + 3 = 11				⟋24⟍	
			7+	7+	7+	7+	(28+)	(4+)
Sol	—	2♭	Sol	Si♭	Re	Fa		
			8	11	15	18	52	28
Re	—	1♭	Re	Fa	La	Do		
			15	18	22	25	80	32
La	—		La	Do	Mi	Sol		
			22	25	29	32	108	36
Mi	—	1♯	Mi	Sol	Si	Re		
			29	32	36	39	136	40
Si	—	2♯	Si	Re	Fa♯	La		
			36	39	43	46	164	44
Fa♯	—	3♯	Fa♯	La	Do♯	Mi		
			43	46	50	53	192	48
Do♯	—	4♯	Do♯	Mi	Sol♯	Si		
			50	53	57	60	220	52
Sol♯	—	5♯	Sol♯	Si	Re♯	Fa♯		
La♭	—	7♭	La♭	Do♭	Mi♭	Sol♭		
			57	60	64	67	248	56
Re♯	—	6♯	Re♯	Fa♯	La♯	Do♯		
Mi♭	—	6♭	Mi♭	Sol♭	Si♭	Re♭		
			64	67	71	74	276	60
La♯	—	7♯	La♯	Do♯	Mi♯	Sol♯		
Si♭	—	5♭	Si♭	Re♭	Fa	La♭		
			71	74	78	81	304	64
Fa	—	4♭	Fa	La♭	Do	Mi♭		
			78	81	85	88	332	68
. . . . . .			. . . . . .				. . . . . .	
Do mineur			Do	Mi♭	Sol	Si♭		
			85	88	92	95	360	72

TROISIÈME TABLE DES ACCORDS DE CINQ TONS MAJEURS.

1° Série de la combinaison des accords majeurs avec les accords mineurs.

La distance des basses (d'après les accords mineurs), 1+7=8.
Formule de la distance de l'accord, 1+4+3+3+4=15 ou 1+14=15.
La série des tons diésés en allant de Do 1 à Sol 8.
— — bémolisés en allant de Do 85 à Fa 78.

Ton.			Accords					Nombre complet.	Nombre diminué.
			majeur.		mineur.				
Do majeur			Do	Mi	Sol	Sib	Re		
			1+4=5+3=8+3=11+4=15					/40\	
			7+	7+	7+	7+	7+	(35+)	(5+)
Sol	—	1#	Sol	Si	Re	Fa	La		
			8	12	15	18	22	75	45
Re	—	2#	Re	Fa#	La	Do	Mi		
			15	19	22	25	29	110	50
La	—	3#	La	Do#	Mi	Sol	Si		
			22	26	29	32	36	145	55
Mi	—	4#	Mi	Sol	Si	Re	Fa#		
			29	33	36	39	43	180	60
{ Si	—	5#	{ Si	Re#	Fa#	La	Do#		
{ Dob	—	7b	{ Dob	Mib	Solb	La	Re		
			36	40	43	46	50	215	65
{ Fa#	—	6#	{ Fa#	La#	Do#	Mi	Sol#		
{ Solb	—	6b	{ Solb	Sib	Reb	Mi	Lab		
			43	47	50	53	57	250	70
{ Do#	—	7#	{ Do#	Mi#	Sol#	Si	Re#		
{ Reb	—	5b	{ Reb	Fa	Lab	Si	Mib		
			50	54	57	60	64	285	75
Lab	—	4b	Lab	Do	Mib	Solb	Sib		
			57	61	64	67	71	320	80
Mib	—	3b	Mib	Sol	Sib	Reb	Fa		
			64	68	71	74	78	355	85
Sib	—	2b	Sib	Re	Fa	Lab	Do		
			71	75	78	81	85	390	90
Fa	—	1b	Fa	La	Do	Mib	Sol		
			78	82	85	88	92	425	95
. . . .									
Do majeur			Do	Mi	Sol	Sib	Re		
			85	89	92	95	99	460	100

QUATRIÈME TABLE DES ACCORDS DE CINQ TONS MINEURS.

2º **Série de la combinaison des accords mineurs avec les accords diminués.**

La distance des basses (d'après les accords mineurs), $1+7=8$.

Formule de la distance de l'accord, $1+3+4+3+3=14$ ou $1+13=14$.

La série des tons diésés en allant de Do 1 à Sol 8.

— — bémolisés en-allant de Do 85 à Fa 78.

Ton.		Accords					Nombre complet.	Nombre diminué.
		mineur.			diminué.			
Do mineur	3♭	Do	Mi♭	Sol	Si♭	Re♭	(35+)	(5+)
		$1+3=4+4=8+3=11+3=14$						
		7+	7+	7+	7+	7+		
Sol —	2♭	Sol	Si♭	Re	Fa	La♭		
		8	11	15	18	21	73	43
Re —	1♭	Re	Fa	La	Do	Mi♭		
		15	18	22	25	28	108	48
La —		La	Do	Mi	Sol	Si♭		
		22	25	29	32	35	143	53
Mi —	1♯	Mi	Sol	Si	Re	Fa		
		29	32	36	39	42	178	58
Si —	2♯	Si	Re	Fa♯	La	Do		
		36	39	43	46	49	213	63
Fa♯ —	3♯	Fa♯	La	Do♯	Mi	Sol		
		43	46	50	53	56	283	73
Do♯ —	4♯	Do♯	Mi	Sol♯	Si	Re		
		50	53	57	60	63	268	48
Sol♯ —	5♯	Sol♯	Si	Re♯	Fa♯	La		
La♭ —	7♭	La♭	Do♭	Mi♭	Sol♭	La		
		57	60	64	67	70	318	78
Re♯ —	6♯	Re♯	Fa♯	La♯	Do♯	Mi		
Mi♭ —	6♭	Mi♭	Sol♭	Si♭	Re♭	Mi		
		64	67	71	74	77	353	83
La♯ —	7♯	La♯	Do♯	Mi♯	Sol♯	Si		
Si♭ —	5♭	Si♭	Re♭	Fa	La♭	Si		
		71	74	78	81	84	388	88
Fa —	4♭	Fa	La♭	Do	Mi♭	Sol♭		
		78	81	85	88	91	423	93
. . . .								
Do mineur		Do	Mi♭	Sol	Si♭	Re♭		
		85	88	92	95	98	458	98

_38_ (above, between the Nombre complet and Nombre diminué columns)

§ 50. En dehors des accords majeurs, mineurs, diminués de quatre et de cinq tons, que nous avons vus dans les paragraphes précédents, les sons comme les nombres ne présentent plus d'accords possibles et réguliers ; donc, toute autre combinaison ne produira que les accords faux et dissonants.

Nous allons examiner maintenant les mouvements de la basse et ses changements.

DES MOUVEMENTS DE LA BASSE ET DE SES CHANGEMENTS.

§ 51. Les mouvements de la basse se présentent sous les trois formes différentes : la première est le mouvement connu sous le nom de *mélodie*, il se produit dans les octaves aiguës comme dans les octaves graves, et n'est que le mouvement des tons isolés, qui ne sont que des basses dépourvues de leurs accords, et qui suivent les formules des gammes diatoniques ou chromatiques, ou se changent d'après les formules des accords, ou d'après l'idée et le goût du compositeur. Ces changements varient indéfiniment. La deuxième forme des mouvements des basses, auxquels on donne le nom d'*harmonie* ou d'*accompagnement*, consiste dans la succession des accords, qui, à leur tour, ne présentent que plusieurs basses prises ensemble. Ces changements sont plus ou moins subordonnés à des formules de distances des accords ; ils se produisent dans les octaves aiguës comme dans les octaves graves, et suivent de près les changements de la mélodie. La troisième forme des mouvements de la basse, proprement dite, se produit dans les octaves graves par les changements de la mélodie ou de l'harmonie, pour équilibrer la force des sons ou pour égaliser leur ensemble. Ces changements des basses suivent les deux formules principales : $1+7=8$ et $13-5$ ou $1+5=6$, avec les écarts réguliers ou forcés, mais dans lesquels on remarque la tendance continuelle de la basse à rentrer dans une des deux formules principales. Nous allons examiner maintenant ces différentes formes des mouvements des basses.

DE LA PREMIÈRE FORME DES MOUVEMENTS DES BASSES

D'APRÈS LES GAMMES CHROMATIQUES ET DIATONIQUES.

§ 52. La marche des basses, d'après l'ordre des douze tons de l'octave, suit la formule de $1+1=2$; ce nombre est un nombre diminué qui représente 7 ou 7 fois $7=49$. Exemple :

Do $1+1=2$ Do♯ ou Re♭, ou Do $1+49=50$ Do♯, Do $1+2=3$ Re, ou Do $1+98=99$ Re.

Ces nombres prouvent que la distance entre les tons rapprochés de l'octave est de 7 ou 7 fois 7=49. Quand on compare le tableau des marches des basses dans les accords majeurs, on voit que l'accord Do♯-Mi♯-Sol♯ est le huitième accord de Do; ici la distance diatonique comprend sept distances des basses, et l'accord Re-Fa♯-La, par conséquent, est le quinzième de Do (ce n'est que la soustraction du nombre de l'octave 12 qui lui donne le nombre 3, c'est-à-dire de troisième accord de Do). Voici quels nombres et quels accords nous donnent les tons ou les basses dans leur succession dans l'octave chromatique:

§ 53.   TABLE DES TONS OU BASSES DE L'OCTAVE CHROMATIQUE.

Ton ou basse et son nombre.	Nombre complet de la distance entre les tons.	Distance de l'accord.	Distance diminuée.	Accord.
Do 7 ou Si♭ } 1,	1 (49+)	1 (7+)	1 (1+)	Do-Mi-Sol,
Do♯ 2, à la distance de 7 de Do	50	8	2	7♯ Do♯-Mi♯-Sol♯, 5♭ ou Re♭-Fa-La♭,
Re♭ Re, } 3, 7 de Do♯	99	15	3	2♯ Re-Fa♯-La.
Re♯ Mi♭ } 4, 7 de Re	148	22	4	3♭ Mi♭-Sol-Si♭.
Mi Fa♭ } 5, 7 de Re♯	197	29	5	4♯ Mi-Do♯-Si.
Fa Mi♯ } 6, 7 de Mi	246	36	6	1♭ Fa-La-Do.
Fa♯ Sol♭ } 7, 7 de Fa	295	43	7	6♯ Fa♯-La♯-Do♯, 6♭ Sol♭-Si♭-Re♭.
Sol, 8, 7 de Fa♯	344	50	8	1♯ Sol-Si-Re.
Sol♯ La♭ } 9, 7 de Sol	393	57	9	3♭ La♭-Do-Mi♭.
La, 10, 7 de Sol♯	442	64	10	3♯ La-Do♯-Mi.
La♯ Si♭ } 11, 7 de La	491	71	11	2♭ Si♭-Re-Fa.
Si, 12, 7 de La♯	540	78	12	5♯ Si-Re♯-Fa♯, 7♭ Do♭-Mi♭-Sol♭.
. . . .				
Do, 13, 7 de Si	589	85	13	Do-Mi-Sol.

Le nombre total des distances des douze tons de l'octave nous donne le nombre 589, qui équivaut aux 49 octaves et 1 ton; ce nombre doit correspondre à l'étendue naturelle des sons.

§ 54. Les mouvements des basses, d'après l'ordre de la gamme diatonique, sont les mêmes que ceux que nous avons vus dans les gammes diatoniques des accords majeurs, mineurs et diminués.

§ 55. Les changements innombrables des tons, qui forment la mélodie et qui se produisent dans ces deux gammes, peuvent prendre toutes les formules différentes, en commençant par 1+1 jusqu'à 1+12, ainsi que 13—1 jusqu'à 13—12. Ces changements sont produits, ou par les tons isolés ou accompagnés de la basse ou d'accords qui règlent plus ou moins les mouvements de la mélodie, d'après les limites de leurs distances ou les formules de leur gamme diatonique.

DE LA DEUXIÈME FORME DES MOUVEMENTS DE LA BASSE PAR LES ACCORDS.

§ 56. Les mouvements des accords ou plusieurs basses prises ensemble, qu'on appelle *harmonie* ou *accompagnement*, suivent de près la mélodie, et souvent, sans compter les changements réguliers d'après leurs formules, ils changent les modes pour être en harmonie avec les mouvements de la mélodie. Souvent ces changements n'agissent pas sur la basse de l'accord, mais ces deux tons consonnants entrent par la formule 13—1 ou 1+1 dans un autre *mode*. Exemple :

Do-Mi-Sol, mode majeur.   Do-Mi♭-Sol♭, mode diminué.
1 5 8   1 4 7

et *vice versâ*.

§ 57. La transposition de l'accord d'une octave dans une autre, grave ou aiguë, augmente les nombres de ses tons de 12. Exemple : $\frac{\text{Do-Mi-Sol}}{1 \quad 5 \quad 8}$ Dans l'autre octave sera Do 13 Mi-17-Sol 20.

§ 58. Tous les accords, en commençant par les accords de deux, trois, quatre et cinq tons, peuvent accompagner les changements des tons de la mélodie, en se liant avec les tons consonnants, et dominant même les tons avec lesquels ils ne s'accordent pas, si ces tons ne sont pas répétés plusieurs fois de suite et ne sont que passagers.

DE LA TROISIÈME FORME DES MOUVEMENTS DES BASSES,

COMPRENANT LES MOUVEMENTS DE LA BASSE PROPREMENT DITE.

§ 59. Ces mouvements se produisent dans les octaves graves par les tons souvent doublés par le nombre d'une octave, 12. Les changements suivent les accords ou la mélodie, en conservant les formules de leurs distances 1 + 7 ou la formule diminuée 13 — 5, ou 1 + 5, avec les écarts qui pourtant ne dépassent pas une de ces deux formules principales. Nous avons déjà vu dans les accords majeurs quelle est la marche des basses d'après la formule d'augmentation 1 + 7 = 8; à présent nous allons voir la marche rétrograde de ces basses par la formule diminuée 1 + 5 = 6. La différence entre les deux formules est que la première, 1 + 7 = 8, se produit par l'augmentation ou l'adjonction au nombre de la basse 1 du total de la distance de l'accord qui est 7, et la formule diminuée se produit par la soustraction du nombre 5 (nombre du premier ton consonnant de l'accord majeur) du nombre de la basse qui est augmenté d'une octave, 12. Exemple : Do 13 — 5 produit 8 Sol, la même basse que donne la formule d'augmentation : Do 1 + 7 produit 8 Sol. La formule diminuée employée comme 13—5 produit la marche rétrograde des basses dans la série des accords, et par conséquent le renversement des tons diésés. Exemple :

Do 61 — 5 = 56 Sol — 5 = 51 Re — 5 = 46 La — 5 = 41 Mi — 5 = 36 Si — 5 = 31 Fa# — 5 = 26 Do# — 5 = 21 La♭ — 5 = 16 Mi♭ — 5 = 11 Si♭ — 5 = 6 Fa — 5 = 1 Do.

Cette formule 13 — 5 diminue les nombres de la série de deux octaves, c'est-à-dire que le nombre de la basse du treizième accord majeur Do est 85, tandis qu'on peut faire la soustraction de Do 61 pour produire toute la série de douze accords. La formule diminuée 13 — 5, comme toutes les formules diminuées, s'applique plus facilement dans la musique que la formule 1 + 7 — 8, à cause du parcours de la basse qui comprend rarement plus de deux octaves (par rapport à la portée musicale). La même formule, prise comme 1 + 5 = 6, produit le renversement de la série bémolisée, c'est-à-dire qu'en augmentant le nombre primitif de la basse par 5, on obtient, au lieu d'une série des tons diésés, une série des tons bémolisés. Exemple :

Do 1 + 5 = 6 Fa + 5 = 11 Si♭ + 5 = 16 Mi♭ + 5 = 21 La♭ + 5 = 26 Re♭ + 5 = 31 Sol♭ + 5 = 36 Do♭ + 5 = 41 Mi + 5 = 46 La + 5 = 51 Re + 5 = 56 Sol + 5 = 61 Do.

§ 60. Les deux formules 1 + 7 = 8 et 13 — 5 ou 1 + 5 sont les principales formules des mouvements des basses. Toutes les autres formules ne sont que des formules accidentelles et passagères produites par les changements de la mélodie qui prend souvent les modes différents. Dans les changements de la mélodie du ton majeur en ton mineur, la basse prend la formule 13 — 1, ou 1 + 2 = 3. Du ton mineur elle rentre dans le ton majeur par la formule 1 + 1 = 2 ou 1 + 5, ou 13 — 6.

Le changement de la mélodie du ton majeur dans le ton diminué souvent ne déplace pas la basse, il ne change que les deux tons consonnants de l'accord. comme nous avons dit dans le paragraphe 56; mais dans le changement de la mélodie du ton mineur en ton diminué, la basse prend la formule $1 + 2 = 3$ ou $13 - 1 = 12$, et elle rentre dans le ton mineur par les formules $1 + 1 = 2$, ou $13 - 5$, ou $13 - 7$; et pour rentrer dans le ton majeur $1 + 1 = 2$ ou $13 - 5, 6$ et même $- 7$, suivant le caractère de la mélodie. Quelquefois, le mouvement de la basse prend la marche diatonique ou chromatique; mais cette forme dépasse rarement le nombre de la distance normale $1 + 7$. En général, dans tous les écarts, on remarque la tendance naturelle de la basse à rentrer dans l'une ou dans l'autre de ces deux formules principales; mais les écarts forcés, créés par l'idée ou le goût du compositeur, réussissent rarement, et souvent, au lieu de produire l'harmonie, produisent des dissonances désagréables.

§ 61. La basse double et triple souvent le son et le nombre par les tons identiques d'autres octaves graves ou aiguës. Exemple : Do 1, Do 13, Do 25. Dans ce mouvement, l'augmentation de la force et du nombre de la basse servent à équilibrer la force et le nombre de l'accord. Exemple : L'accord Do-Mi-Sol, comme accord de trois tons, porte le nombre 14, le nombre de sa basse Do est 1; le nombre total de deux tons consonnants, Mi et Sol, est 13. Pour équilibrer ce nombre 13, la basse Do prend un second Do d'une autre octave aiguë ou grave, et, doublant le son, elle double son nombre de 13 et $1 = 14$, qui dépasse le nombre de 13 de deux tons consonnants. Ce mouvement donne aux basses le moyen de dominer par leur nombre celui de l'accord. Exemple : Do 13, Do 1 (14); Mi, Sol 13; Sol 20, Sol 8 (28); Si, Re 27. Les accords majeurs et les accords de quatre et de cinq tons, ainsi que les accords provenant de la combinaison du ton majeur et mineur. doublent leurs basses par l'octave grave mieux que les accords du ton mineur proprement dit; mais les accords diminués ne peuvent doubler leurs premiers tons que par les octaves aiguës. Le nombre de la basse doublée soit par l'octave grave, soit par l'octave aiguë, sera le même, parce que les octaves graves doublent les nombres des tons en descendant, comme les octaves aiguës en ascendant de Do 1 (placé sur la première ligne additionnelle au-dessous de la portée supérieure) de l'octave moyenne, la seule, qui comprend la première douzaine musicale; par conséquent la basse doublée par l'octave grave et triplée par l'octave aiguë présentera les nombres suivants. Ex. :

Do 13	Do 1	Do 13	total : 27.
Octave grave.	Octave moyenne.	Octave aiguë.	

§ 62. On remarque que la même basse peut servir à deux accords rapprochés dans la série. Exemple : Do-Mi-Sol, —Sol, Si, Re,—basse Sol, ou Fa-La-Do, —Do-Mi-Sol, — basse Do. Dans ce cas, on l'appelle *pédale*.

DES NOMS DOUBLES QUE PORTENT LES MÊMES TONS D'APRÈS LA SUCCESSION DES SÉRIES DIÉSÉES ET BÉMOLISÉES.

§ 63. C'est seulement dans le but de rendre nos explications plus compréhensibles que nous avons employé les doubles noms donnés aux tons selon leur succession dans la série diésée ou celle bémolisée ; mais, comme le calcul prouve qu'il n'y a pas de demi-tons, tous ces noms, comme les signes des dièses et des bémols, ne peuvent être appliqués au ton, ni employés comme signes pour former des armures des clefs ; mais, avant qu'ils soient remplacés par les noms des tons ou par les chiffres de leurs nombres, ce qui serait plus juste, on est forcé de se servir des noms et des signes sous lesquels on les comprenait jusqu'à ce jour, et qui n'ont maintenant plus de signification.

Le résumé de tout ce que nous donne le calcul est, que l'ensemble musical consiste dans la corrélation des différentes formules des distances des tons, basses, accords et gammes, et dans la diminution des nombres des tons et des distances. Chaque ton isolé devient la basse d'un accord qui donne une gamme diatonique se prêtant aux différents changements des distances entre les tons qui la composent pour former telle ou telle autre mélodie qui est en harmonie avec la basse et l'accord, dont le dernier ton, basse de l'accord suivant, la met en corrélation avec une autre gamme suivie, à son tour, d'une autre basse et d'un autre accord, présentant aux changements de la mélodie le moyen de parcourir toute une chaîne d'accords différents, qui peuvent, ou se combiner avec les accords des autres modes ou, tour à tour, changer leurs modes ; ce qui donne la facilité à la mélodie de faire mille et mille changements différents ; mais, dans ces mouvements, la mélodie a une tendance à conserver la distance de la gamme diatonique, les basses et les accords qui la suivent, en conservant leurs distances normales, font souvent des écarts de leur marche ordinaire pour produire l'harmonie parfaite. Les changements de la mélodie agissent sur la basse, comme le changement du poids agit sur l'aiguille de la balance — c'est la loi d'équilibre. Changer cette loi éternelle ou l'enchaîner par n'importe quelle formule, c'est arrêter le mouvement harmonieux des sons qui est la vie de la musique.

DE LA TRANSPOSITION.

§ 64. La transposition d'un ton dans un autre par les nombres, au moyen de l'augmentation et de la soustraction, est très-juste et facile; mais, comme il existe déjà, à ce sujet, des œuvres spéciales, nous présenterons seulement les règles de transposition des tons majeurs dans les tons mineurs et diminués, et pour faciliter cette transposition, nous donnons une table comparative des tons des différents modes et un cadran qui, avec l'aide de trois indicateurs ayant un mouvement de rotation et faits d'après les distances des accords et des gammes, montrent tous les modes, comme toutes les basses, les gammes et les accords.

§ 65. La transposition du ton majeur dans le ton mineur pur n'exige que le changement de l'armure de la clef, conformément à la table comparative des tons qui se trouve plus loin.

§ 66. La transposition des tons mélangés de deux séries d'accords majeurs et mineurs (représentées dans les deux tables du trente-troisième paragraphe) dans les autres tons mélangés de la même série se fait comme la transposition des tons majeurs dans les autres tons majeurs (*Voir* § 67); mais, pour transposer les tons de la première série majeure dans les tons mineurs purs, il n'y a qu'à changer l'armure de la clef. Exemple : Do-Mi-Sol et Sol-Si♭-Re, deux accords, majeur et mineur (rien à la clef, un bémol sous-entendu sur Si), se transforment en Do-Mi♭-Sol et Sol-Si♭-Re♭, accords mineur et diminué (trois bémols dans l'armure et le quatrième bémol sous-entendu sur Re). Les tons de la deuxième série mélangée des accords mineurs et majeurs se transposent de la même manière dans les tons diminués et mineurs. Exemple : Do-Mi♭-Sol et Sol-Si-Re, accords mineur et majeur (trois bémols dans l'armure et un bécarre sous-entendu sur Si), se transposent en Do-Mi♭-Sol♭ et Sol-Si♭-Re, accords diminué et mineur (cinq bémols dans l'armure et deux bécarres sous-entendus sur Sol et Re). Mais les tons mélangés de ces deux tables, ainsi que les accords de quatre et de cinq tons, qui se transposent de la même manière, perdent beaucoup dans leur sonorité, en subissant la transposition. Il est à remarquer : 1° que la transposition des tons majeurs diésés dans les tons mineurs produit des sons plus agréables que la transposition des tons majeurs bémolisés dans les tons mineurs ; 2° que la transposition des tons majeurs et mineurs dans les

tons diminués présente un inconvénient. à cause de la tendance des tons diminués à doubler et tripler leurs basses (ou les tons qui les remplacent) exclusivement par les octaves aiguës.

DU CADRAN ET MANIÈRE DE S'EN SERVIR.

§ 67. Le cadran que représente la table suivante, est divisé en quatre-vingt-
quatre cases, contenant la répétition des douze tons de l'octave, conformément
aux sept octaves du parcours de la série des accords majeurs. Trois indicateurs
mobiles qui ont des points et des lignes représentent les distances des accords
et des gammes diatoniques. Ils sont de trois modes différents.

Pour faire la transposition d'un ton majeur dans n'importe quel ton majeur,
on n'a qu'à mettre le premier point qui se trouve sur l'indicateur *des tons
majeurs, sur la basse du ton que l'on veut transposer;* en même temps, le
deuxième point indique le premier ton consonnant, et le troisième point
montre le deuxième ton consonnant. Ces deux tons, avec celui de la basse, forment l'accord de ce ton, et les sept lignes que l'on voit sur l'indicateur montrent
les sept tons de la gamme diatonique, tandis que la longueur totale de l'indicateur occupe l'espace de douze cases qui contiennent la gamme chromatique (*).
Transcrivez la gamme diatonique et posez de nouveau le premier point de
l'indicateur *sur le ton dans lequel vous voulez transposer*, et les points, comme
les lignes de l'indicateur, vous indiqueront la basse, l'accord et la gamme nouvelle. Mettez les sept tons de cette gamme *sous les tons* de la gamme du premier
accord que vous avez transcrite et remplacez-les sur la portée musicale par
les tons de la dernière gamme, en mettant à l'armure les accidents du ton dans
lequel vous transposez. Exemple :

La première gamme du ton Do majeur (rien à la clef)   Do, Re, Mi, Fa, Sol. La, Si
La deuxième gamme du ton Fa (un bémol à la clef)   Fa, Sol, La, Si♭, Do, Re, Mi.

§ 68. Si vous voulez transposer du ton majeur dans le ton mineur, vous
faites la même opération avec une seule différence, qui consiste à mettre à la
place de l'indicateur des tons majeurs, après avoir transcrit la gamme donnée

---

(*) Forcé par les motifs exprimés dans le paragraphe 63, nous avons mis les doubles noms des tons dans
les cases du cadran, et, comme ils peuvent créer des embarras pour reconnaître quel est le nom que le
ton porte dans un ou dans un autre accord ou gamme, il faut dans ce cas consulter la table comparative
des tons.

par lui, un autre indicateur qui est celui *des tons mineurs*, en mettant le premier point sur le même ton où se trouve le premier point de l'indicateur majeur. Après avoir transcrit la gamme mineure de la même manière que dans l'exemple précédent. vous remplacez par les tons mineurs les tons majeurs, mettant auparavant à l'armure les accidents du ton mineur. La transposition du ton mineur en ton majeur se fait de la même manière, en changeant l'indicateur des tons mineurs par celui des tons majeurs, et en mettant à l'armure les accidents du ton majeur.

§ 69. Pour transposer le ton majeur ou le ton mineur dans le ton diminué, il faut remplacer successivement l'indicateur majeur ou mineur par l'indicateur des tons diminués.

§ 70. Si vous voulez trouver par l'indicateur toute la série des accords majeurs, vous n'avez qu'à mettre le premier point de l'indicateur majeur sur le ton Do. Les trois points indiqueront le premier accord Do-Mi-Sol ; replacez en tournant à droite le premier point sur la place qui était occupée par le troisième point, et vous aurez l'accord Sol-Si-Re ; continuez de la même manière le mouvement à droite, et vous obtiendrez successivement tous les accords des tons diésés. En faisant le mouvement dans le sens contraire, c'est-à-dire de droite à gauche, commençant par le ton Do, et replaçant le troisième point sur le ton indiqué par le premier point, vous obtiendrez la série des tons bémolisés. Remplacez l'indicateur des tons majeurs par les autres indicateurs, et par le même procédé vous trouverez les séries des accords mineurs et diminués.

§ 71. Pour produire la série des accords mélangés, majeurs et mineurs, il faut se servir successivement de l'indicateur majeur et mineur, en plaçant le premier sur le ton Do et sur son troisième point, le premier point de l'indicateur mineur, sur le ton indiqué par le troisième point de ce dernier, on place de nouveau le premier point de l'indicateur majeur. et ainsi de suite. Le mouvement à droite produit les tons diésés et le mouvement à gauche les tons bémolisés. Pour les tons mélangés, mineurs et majeurs, on commence par l'indicateur mineur, en le remplaçant par le majeur.

§ 72. Les deux indicateurs, le majeur et le mineur, mis ensemble et posés de telle manière que le premier point de l'indicateur mineur se trouve sur le troisième point de l'indicateur majeur, indiquent par leurs cinq points les accords de quatre et de cinq tons majeurs. Pour trouver toute la série de ces accords, il faut continuer le mouvement à droite sans séparer les deux indicateurs, en plaçant le premier point de l'indicateur majeur sur la place qui était occupée par son troisième point, comme il a été dit pour les accords majeurs. Le mouvement dans le sens inverse s'opère en mettant le troisième point de l'indicateur majeur sur la place de son premier point. De la même manière, en combinant l'indicateur mineur avec celui des tons diminués, on obtient les accords de quatre et de cinq tons *mineurs*.

§ 73. Le cadran, avec ces indicateurs, prouve mieux que les vaines paroles la combinaison des lois mathématiques et musicales, ainsi que la justesse des nombres portés par les tons de l'octave. Beaucoup de temps et des études sérieuses des systèmes connus devraient être employés par un musicien, pour pouvoir répondre sans embarras aux différentes et difficiles questions que le cadran et ses indicateurs résolvent en un instant.

FIN

TABLE DES MATIÈRES

TABLE COMPARATIVE
des tons et des accords des différents modes.

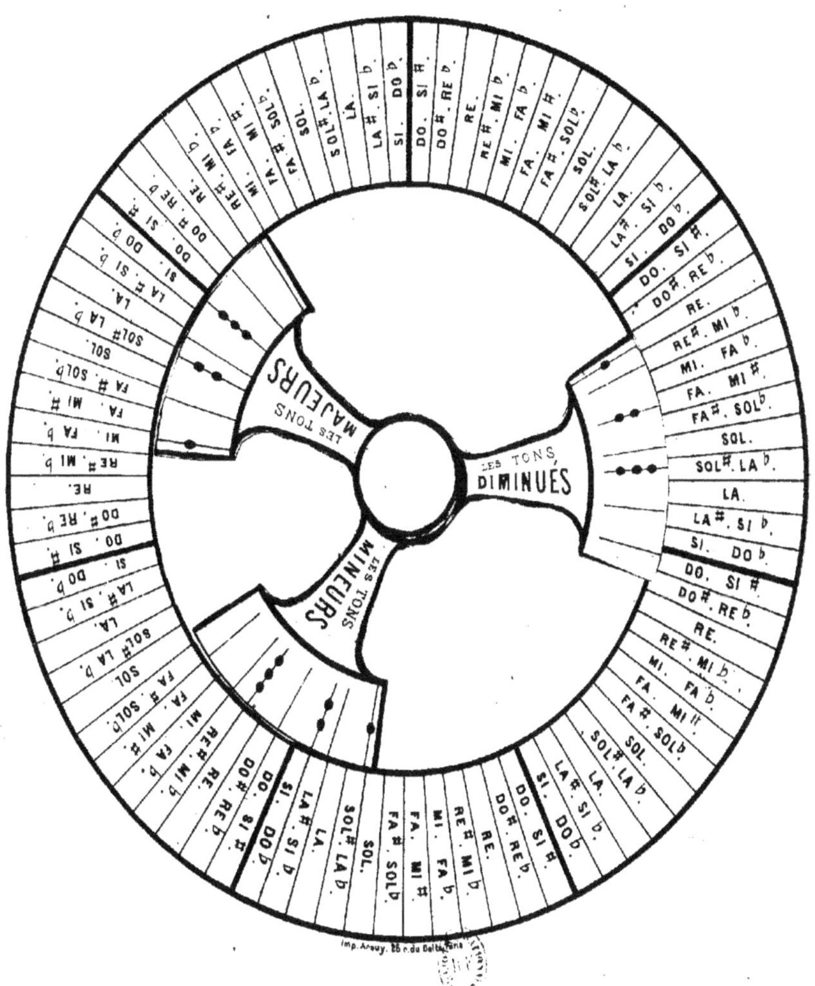

LES TONS MAJEURS
LES TONS DIMINUÉS
LES TONS MINEURS
Imp. Arouy, 26 r. du Delta, Paris